. 268 .

DISCOURS

DE

M. LE GOUVERNEUR MORRIS.

DE L'IMPRIMERIE D'ANGE CLO,
RUE SAINT-JACQUES, Nº. 38.

DISCOURS

DE

M. LE GOUVERNEUR MORRIS,

CI-DEVANT ENVOYÉ

DES

ÉTATS-UNIS EN FRANCE, EN 1790,

Prononcé le 29 juin 1814, à New-Yorck, pour célébrer la récente délivrance de l'Europe du despotisme militaire.

TRADUIT DE L'ANGLAIS,

PAR M. LE COMTE DE LA PALU,

CHEVALIER DE L'ORDRE ROYAL ET MILITAIRE DE S. LOUIS, etc.

A PARIS,

J. J. BLAISE, Libraire de S. A. S. Madame la Duchesse douairière d'Orléans, quai des Augustins, n°. 61, près le Pont-Neuf.

1816.

NOTE
DU TRADUCTEUR.

Le discours qu'on va lire a été prononcé à New-Yorck, le 29 juin 1814, par
M. Morris, envoyé des Etats-Unis
d'Amérique auprès de la cour de France,
au commencement de la révolution.

Ses qualités personnelles sont encore
présentes au souvenir de tous ceux qui
ont eu, comme moi, l'avantage de le connaître ; j'ai retrouvé, dans son discours,
les grands principes qu'il professait, à la
fatale époque où il résidait à Paris, et
dont la France éclairée par l'expérience,
corrigée par le malheur, reconnaît enfin
la sagesse.

Convaincu, qu'au moment où ces principes reprennent leur empire, il serait
utile aux Français de les retrouver tous
dans le cœur d'un étranger distingué par

ses talens et son caractère, et dont le mé-
rite, comme homme d'état, présente
pour garantie la confiance d'une grande
nation trop jeune encore pour la prodi-
guer, voilà les motifs qui m'ont décidé à
traduire et à publier ce discours, où l'on
retrouvera l'histoire de nos malheurs, et
l'analyse éloquente des tristes événemens
que M. Morris avait su prévoir.

DISCOURS

DE

M. LE GOUVERNEUR MORRIS.

———

C'en est fait! la cruelle et longue agonie est terminée! Louis XVIII est sur le trône! La France se repose enfin dans les bras de son prince légitime. Nous pouvons aujourd'hui lui exprimer notre attachement, sans manquer au respect que nous nous devons à nous-mêmes : retraçons dans nos souvenirs cette intéressante période, où, compagnons d'armes, nos cœurs s'unirent ensemble dans un banquet national; comme notre sang venait de couler dans les champs de l'honneur et de la victoire. La joie éclate aujourd'hui dans les plaines d'Yorck, théâtre où l'on a vu les Américains et les Français disputer généreusement de gloire et de courage : ce fut là où notre indépendance fut proclamée; ce fut là où la lutte cessa, où nos droits furent scellés, où nous prîmes rang parmi les nations de l'u-

nivers. Remercions le ciel ; enfin nous pouvons donner un libre cours à notre gratitude
envers cette famille auguste , sous laquelle les
flottes et les armées de la France et de l'Espagne ont pris la défense de la liberté améri-
caine : nous proclamâmes alors Louis XVI, le
protecteur des droits du genre humain. Nous
l'avons toujours aimé ; nous avons déploré
son sort ; notre sol, au moins , n'a point été
souillé de l'aspect hideux de ses assassins !

Nous avons applaudi à la résistance noble
et loyale que l'Espagne a opposée à la tyrannie ; nos vœux ont suivi cette lutte généreuse,
et nous avons rougi de n'avoir que des vœux
à lui offrir. Depuis vingt-cinq ans , combien
les annales de l'histoire sont intéressantes et
instructives ! Que d'années dans cinq lustres !
Au printemps de 1789, les Etats-Généraux furent convoqués en France, pour y prévenir une
banqueroute prête à éclater : le dérangement
des finances résultait de cet artifice commun,
par lequel on persuade au peuple que l'on peut
acquitter des dettes sans imposer des taxes. Des
emprunts considérables s'opérèrent, mais sans
leur assurer d'hypothèques solides. A l'ouver-
ture des Etats-Généraux, le ministre des finances déclara qu'il eût été facile de combler

le déficit sans les convoquer, mais que le Roi avait désiré leurs conseils et leur assistance, pour la réforme des abus.

Cette expérience hasardeuse se termina, ainsi que les observateurs l'avaient prévu, par le bouleversement absolu de tous les anciens établissemens. Sous le nom d'Assemblée nationale, les Etats-Généraux usurpèrent un pouvoir illimité, et l'exercèrent avec aussi peu de justice que de sagesse; ils détruisirent les droits de la propriété; ils créèrent un papier-monnaie; ils établirent un système de gouvernement impraticable; ils firent sortir leur Roi de prison pour le placer sur un trône dont ils avaient sapé les fondemens. Dans moins de six mois, leurs successeurs détruisirent, de fond en comble, l'édifice qu'ils avaient construit; ils constituèrent, de nouveau, leur Roi prisonnier; et de sa prison ils le menèrent à l'échafaud. Ce vertueux monarque qui s'était montré notre ami dans les momens périlleux de nos crises politiques devint la victime de sa propre bonté. Désirant avec ardeur d'améliorer le sort de ses sujets, pour lesquels il avait la tendresse d'un père, il crut qu'aucun sacrifice de son autorité n'était trop grand, s'il pouvait servir à accroître leur félicité. Il s'était persuadé que ses prérogatives, inutiles pour lui, étaient oppressives pour eux : dangereuse erreur ! On lui avait dit, et il l'avait cru, que dans la loyauté de ses sujets il trouverait une digue contre les intrigues des turbulens démagogues : illusion funeste ! Ce prince, juste et bon, fut livré au supplice, au milieu des applaudissemens d'une populace féroce. La royale victime, recueillie dans ses sublimes pensées, employa le temps du douloureux et long trajet de sa prison à l'échafaud à implorer, de la majesté divine, le pardon de ses sujets rebelles ! Mais le glaive odieux qui sépara de son corps sa tête innocente rendit le pardon impossible, jusqu'à ce qu'ils eussent expié leur crime par les épreuves redoublées de l'esclavage et du malheur. Hélas ! ce crime outragea le ciel et la nature ! Jamais meurtre ne fut plus cruel, ni plus atroce. L'enfer en a frémi !.... J'étais alors à Paris : je l'ai vu stupéfié ! je l'ai vu couvert du crêpe de la douleur ! chacun anticipait, dans son cœur, la sentence d'un Dieu vengeur. On croyait voir la seconde chute de l'homme ; scène funeste de deuil, de crime et d'horreur !.... Tous les fronts furent humiliés, hors ceux qui, dans leur infernal triomphe, avaient exercé leur fatale influence sur une Assemblée qu'ils dominaient, et l'avaient entraînée à cet acte monstrueux.

Remarquez ici la marche du crime : cette assemblée était divisée en deux partis ; la faction désignée sous le nom de la Gironde avait pour chefs les députés de Bordeaux qui désiraient une république fédérative, et la faction des Jacobins qui, sous les clameurs d'un vœu hautement prononcé pour la république *une* et *indivisible*, avaient le projet secret de rétablir la monarchie. Les deux partis traitaient avec le Roi emprisonné : il se confia aux Girondins ; ce parti semblait moins criminel que l'autre, il était plus nombreux. Dès ce moment, les jacobins jurèrent sa perte, afin de pouvoir ensuite renverser leurs adversaires : ceux qui, dans la conspiration du 10 août 1792, avaient assailli le palais, pour détruire ce fantôme de monarchie que l'Assemblée constituante avait laissé subsister, se réunirent pour abattre la faction de la Gironde.

L'assemblée, sous l'influence de la terreur, entourée d'hommes armés, prononça la sentence mortelle contre l'illustre et innocent captif ; sentence (et nul homme pénétrant n'en douta) qui devait entraîner la ruine prochaine de la faction vaincue. Les événemens le prouvèrent; le farouche Danton traîna les Girondins au tribunal révolutionnaire, et leur sang impur couvrit cet échafaud où le sang le plus illustre venait de couler. Ainsi le crime, la honte et la perfidie se combinèrent pour aggraver leur supplice.

Condamné par les mêmes juges, Danton périt ensuite, conspirant alors pour replacer sur le trône le fils d'un monarque qu'il avait travaillé à détruire. Dans le torrent rapide des événemens, sa tête ne tarda pas à tomber. Outragé par l'insultante ironie d'un jugement légal, convaincu sans preuves, condamné sans être entendu, de sa voix tonnante, ces paroles se firent entendre :

« J'avais ouï dire (aujourd'hui je le crois)
« que le châtiment est le fruit du crime : Mi-
« sérables ! c'est moi qui vous ai donné le pou-
« voir de frapper l'innocent ; et c'est par votre
« arrêt que je meurs ! La même justice frap-
« pera les conspirateurs qui m'ont conduit
« devant vous, et vous-mêmes après eux ! »

La voix du sauvage fut prophétique. Ces brigands qui avaient massacré leur Roi (et des milliers de victimes), ceux qui, dans leur démence, cherchaient à détrôner le Roi du ciel (et à substituer à son culte celui de la

(13)

Raison, déesse fantastique, représentée par une prostituée) dont ils souillaient les autels consacrés et décorés par la piété ; ces brigands, dis-je, furent contraints de voir, de sentir, d'avouer, à leur agonie, qu'il existait un Dieu.

Ici je sens que ma voix s'altère, que mon cœur se contracte, au souvenir des maux qui ont désolé la France ! O France ! ô pays enchanteur ! sur lequel la bonté divine semble avoir épuisé les trésors de sa munificence ! tu es devenue la proie des monstres. Ni l'humanité, ni la décence ne permettent le récit des crimes dont chaque jour, chaque heure, t'ont rendue le théâtre ! O ma patrie ! où cacherais-je ma honte, s'il était vrai que quelques-uns de ces monstres eussent reçu le jour dans ton sein ? Mais non ; hâtons-nous de nous laver de cette imputation calomnieuse. Nations de la terre ! n'y croyez pas. Les fils vertueux de l'Amérique ne furent jamais des ingrats. Plus la liberté leur est chère, plus la mémoire de leur illustre protecteur restera profondément gravée dans leur souvenir : oui, saint Martyr ! tes derniers soupirs ont été recueillis par les Américains consternés ! Ils ont gémi des événemens dont les causes mystérieuses leur ont

échappé, sans douter jamais toutefois des dé-
crets vengeurs de la justice éternelle.

Ils ont vu le vice et la licence (sous le nom
de liberté) planer sur la France : ils ont vu le
crime y poursuivre la vertu comme sa proie,
outrager l'innocence, écraser la faiblesse, et
semblable aux harpies, porter le ravage et la
dévastation en tous lieux. Victorieux au de-
hors, vorace au dedans, triomphant partout.
A son aspect hideux, l'Europe a pâli, les Rois
ont tremblé; dans les premiers élans de l'enthousiasme, la république française a pris son
essor, comme l'aigle, au-dessus des nuées.
Ebloui de ses victoires, l'œil de l'observateur
peut à peine distinguer les chefs qui dictaient
des lois à l'univers humilié; la rapacité et l'audace étaient leurs attributs communs. Dans
l'ivresse de leurs succès, faisant ruisseler le
sang de leurs compatriotes, pillant leurs voi-
sins, jetant chez eux les germes corrupteurs
de la révolte, qui précédaient toujours l'enva-
hissement, on a vu les Français verser le mépris sur tous les objets de la vénération publi-
que, sur tout ce que le temps et les souvenirs
avaient consacré dans la mémoire des hommes.
La religion fut traitée par eux de fable suran-
née; les mœurs et les coutumes, d'anciennes

habitudes qu'il fallait refondre et soumettre au creuset de la philosophie et de la raison ; dans la vie privée même , les lois de la décence et des convenances sociales furent qualifiées d'observances puériles et ridicules. Ce délire révoltant a trouvé cependant des adhérens et des admirateurs dans tous les pays du monde, et même dans le nôtre. Pourquoi s'en étonner ? L'Amérique est-elle exempte de banqueroutiers, d'hommes sans principes, accessibles à la séduction d'une vile cupidité ? Non, sans doute ; il en est parmi nous , comme ailleurs, qui désirent, à tout prix , de s'élever, qui poursuivent les richesses et le pouvoir, *per fas, et nefas*, indifférens sur les moyens , et ne s'attachant qu'au but. Il en est d'autres, avides du merveilleux, et dont la crédule ignorance est disposée à tout adopter ; il en est aussi qui s'attribuent les conceptions du génie, et sont prévenus d'avance contre toute vérité qui s'étaye de l'expérience et de l'étude. Un homme enflé d'orgueil se nourrit d'impostures et boit la flatterie.

A la même époque où le Directoire français humiliait les Rois de l'Europe, une insulte portée à l'honneur de l'Amérique fut aussitôt vengée que reçue : cette noble conduite du nouveau monde étonna l'ancien ; notre caractère s'éleva au plus haut degré : il s'éleva ; mais hélas ! ce fut pour se précipiter plus profondément dans la honte, par l'impétuosité de sa chute.

Les bornes de ce discours admettent à peine le récit rapide des principaux événemens, et non les développemens historiques : nous avons vu en France (ce qu'on verra toujours) aux tempêtes de la démocratie, succéder le despotisme. Ce qui avait été prévu et prédit est arrivé : l'usurpation a été dirigée et maintenue par de grands talens ; des plans gigantesques de conquêtes ont été secondés par des intrigues sourdes et perfides ; des masses énormes de forces ont été conduites avec une habileté consommée. Une froide indifférence sur les malheurs du genre humain, un profond mépris sur tous les liens que la morale établit parmi les hommes, un dur athéïsme auprès duquel la religion n'a jamais servi que comme un manteau hypocrite et un instrument politique ; une persévérance inébranlable pour atteindre le but proposé ; tels sont les moyens que Buonaparte a employés pour devenir l'étonnement, la terreur et le fléau de l'univers. Sa verge de fer a fait profondément sentir aux

Français ce qu'ils avaient perdu en rompant les doux nœuds de la fidélité qu'ils devaient à leur souverain légitime : pour les distraire de leurs tortures, ils ont eu, il est vrai, la pompe des triomphes, les chants de la victoire, ce sentiment orgueilleux d'une force qui arrachait des gémissemens aux nations étrangères ; mais pour satisfaire aux caprices extravagans de la vanité d'un seul homme, et fournir aux frais immenses d'une guerre perpétuelle, les Français se sont vus dépouillés des fruits de leur travail et de leur industrie : on a enlevé les enfans du sein maternel ; on les a vus marcher enchaînés, vers l'autel d'une ambition aussi insatiable qu'extravagante.

Des vieillards qui, d'un pas chancelant, avaient suivi leurs enfans pour leur dire un tendre et dernier adieu, en rentrant dans leurs chaumières désertes, jusque-là pour eux l'asile des douces jouissances de la nature, y trouvaient un percepteur inflexible qui saisissait, au nom de la loi, de chétifs meubles que le besoin leur rendait précieux : ils inondaient, de leurs larmes, leur triste foyer, et tournant les yeux vers le ciel (cet ami de ceux qui n'en ont plus), ils jetaient ensemble ce cri douloureux : « Mon enfant ! mon enfant ! »

France! voilà le tableau fidèle des tourmens que tu as endurés avec une patience servile qui confond la pensée, qui stupéfie l'entendement. C'est ainsi que le sang innocent de ton Roi a été vengé! Voilà les maux qui t'ont appris que Dieu sait exercer d'avance la rigueur de ses justices.

Au mois de mai 1812, un homme de basse extraction, né dans une petite île de la Méditerranée, se vit le chef de l'armée la plus formidable dont les annales de l'histoire aient jamais fait mention. Sur son front brillait le diadême; son épée ruisselait du sang des nations qu'il avait soumises; ses yeux étincelaient de l'ardeur du pillage; son cœur était gonflé de l'orgueil de la victoire; cet homme parut un Dieu, et se crut un Dieu lui-même! Tandis qu'à l'extrémité méridionale de l'Europe, ses légions féroces inondaient, d'un sang pur et fidèle, les sables arides de l'Espagne, il marchait, à pas de géant, vers le nord pour soumettre sous le joug les dernières contrées du monde civilisé.

Déjà la ligne de défense de la Russie est forcée; déjà ses aigles affamés fondent sur leur proie. Arrêtons-nous....; fixons cette statue colossale d'un pouvoir inique: ses bras sont de fer, son cœur est d'airain ; mais ses pieds sont d'argile ; elle touche à sa ruine, elle chancelle, elle tombe, elle est dans la poussière. Cet homme puissant, ce Roi des Rois, ce demi-Dieu est vaincu ! Il fuit ; on vole à sa suite, il se cache ; il se dépouille du manteau impérial qu'il flétrissait, la terreur égare ses sens, lui donne des ailes ; il traverse, déguisé, les vastes plaines de la Pologne ; il n'ose jeter les yeux en arrière : cédant à la fatigue, à la fièvre qui le dévore, il respire un instant sur les rives de l'Elbe ; un second effort l'amène aux bords du Rhin, et le dernier dans les murs de Paris. Là, il règne encore !.... Tout ce que la fourberie, la ruse, le charlatanisme, la tyrannie, secondés par la bassesse du plus vil esclavage, peuvent déployer de ressorts et d'artifices lui servent à rassembler de nouvelles levées. Malheureuse France ! il faut encore ouvrir tes veines et tes trésors ; il faut encore que tu gémisses sous le poids redoublé de l'oppression. En vain tu invoques la paix ; en vain tu exhales tes plaintes ; en vain tu jettes les cris du désespoir.

Le grand, le magnanime Alexandre avancé, à la tête de ses légions, qu'on appelait barbares, et qui viennent donner aux peuples policés de si hautes leçons de modération et de grandeur d'ame. Il accourt des cendres fumantes de Moscow aux rives de l'Elbe. A son approche, la Prusse, pillée, avilie, se lève pour venger tant d'outrages. L'Allemagne est enflammée de la même ardeur; mais Napoléon a prévenu l'ennemi. Il est en force sur l'Elbe; sa vigueur et son activité lui obtiennent d'abord quelques succès. Il boit encore dans la coupe de la victoire : ivre d'espoir, il est sourd aux conseils de la prudence; fidèle à ses principes, il appelle la fraude au secours de la force; il accepte la médiation de l'Autriche, mais il l'élude, en déployant les ressorts d'une politique perfide ; et pourquoi ? pour dédaigner une paix qui, lui assurant la possession d'un vaste territoire, lui rendant ses légions captives, lui eût encore fourni les moyens de menacer, d'insulter et d'opprimer l'univers. Mais non ; sa confiance dans son étoile et dans ses talens l'aveugle; il se confie dans la fortune, dans le hasard (ce dieu des athées), qui n'est autre chose que les chances ignorées des événemens, mais où il n'entre pas plus d'incertitudes qu'il n'y en avait dans le cours des sphères célestes, avant que Newton fût né. La main puissante qui les lança dans l'espace attendit-elle les calculs du génie, pour combiner leurs orbites, et les assujétir à une marche périodique et régulière ?

Dans le délire d'une ambition effrénée, Buonaparte rejette la paix..... L'empereur d'Autriche, enfin, se trouve contraint de se joindre aux alliés. Cet événement, qu'amène impérieusement la force des circonstances, ne déconcerte point Buonaparte ; il calcule sur la mauvaise foi (ce vice inhérent des coalitions, où la divergence d'intérêts et d'opinions sépare les cœurs, lorsque les bras semblent le plus unis !) Il oublie ou il ignore que la ligue que son insupportable tyrannie avait formée contre lui était plus forte que tous les intérêts politiques : ligue dont l'intérêt de l'humanité était le ciment, et dont une indignation universelle était l'ame. Il se flatte toujours que le poids de ses armes et son astucieuse politique désuniront les forces des puissances alliées. C'est pour atteindre ce but que la campagne de 1813 déploya tous les moyens de son génie, mais épuisa toutes ses ressources. Les plaines de la Saxe furent dévastées : la peste et la famine lui servent d'escorte, prolongent la série des misères humaines, et préparent le triomphe de la nation anglaise. Enfin, après plusieurs batailles sanglantes, les mouvemens sagement combinés des puissances alliées contraignent Napoléon à quitter Dresde. Dès ce moment, sa position sur l'Elbe devint dangereuse pour lui; mais l'orgueil l'y fixait, ainsi que cette confiance aveugle qu'il avait dans son étoile. Il réunit ses forces à Leipsick : Leipsick, dans la guerre de trente ans, avait vu tomber le grand Gustave, au sein de la victoire. Leipsick fut encore témoin d'un combat dont l'issue devait décider, non-seulement de l'indépendance de l'Allemagne, mais encore de celle de l'Europe.

La lutte fut longue, obstinée, cruelle; le courage, la discipline, l'habileté furent, de part et d'autre, également déployés.

Comme les vagues de l'Océan, en approchant du rivage, tonnent, écument, se brisent, se retirent et reviennent encore; ainsi se brisèrent, reculèrent et redoublèrent d'efforts les bataillons des armées alliées. Et de même que la digue une fois rompue devient le jouet des ondes, de même l'armée du tyran fut renversée, dissipée, détruite.

Observez ici une scène sublime; trois puissans monarques déposent sur le champ de bataille leurs couronnes et leurs épées. Ils tombent à genoux ; ils élèvent leurs yeux et leurs mains vers le ciel ! Ils rendent grâce au Dieu des armées en qui résident la suprême puissance, la force et la majesté. Ils reconnaissent que c'est à lui qu'ils doivent la victoire ; ils s'écrient : Frères ! le Seigneur est avec nous, gloire au Seigneur ! Opposez à ce grand, à ce noble mouvement les scènes féroces que, treize mois auparavant, avaient offertes les vastes plaines de la Russie : les heures d'anxiété sont écoulées ; on respire ; les parfums de la liberté épurent les airs. L'humanité soulève sa tête de la poussière, elle essuie ses larmes ; elle vous rend grâces, ô vainqueurs, ô héros, ô princes chrétiens ! elle vous ordonne de suivre le sentier d'une gloire immortelle : marchez !..... Déjà le Rhin est l'unique barrière qui sépare les armées ennemies. La branche d'olivier est encore offerte au farouche Napoléon. Peut-être que l'expérience l'aura rendu plus sage ; peut-être a-t-il appris, à l'école du malheur, à modérer ses passions ; peut-être ne se confiant plus uniquement à la fortune, commence-t-il à croire qu'il existe un Dieu qui gouverne le monde. Non. Les voies mytérieuses de la Providence sont encore incomplettes : l'orgueil de Napoléon n'est pas encore brisé. Il se confie dans le repos que l'hiver commande au soldat harassé ; il se confie dans la barrière qu'offrent les cîmes glacées des Pyrénées ; il se confie dans les places fortes qui hérissent ses frontières ; il se confie dans la neutralité de la Suisse , et dans le respect que ses ennemis portent au droit des gens : la violation de cette loi était cependant pour lui une mesure hostile ordinaire ; le pillage des pays neutres une ressource fiscale usitée ; il croit que ses ennemis seront retenus par des principes qu'il n'a jamais professés, il ne se trompe pas : mais s'il suppose que les enfans de Guillaume Tell peuvent se familiariser avec l'esclavage , et que le feu sacré de l'honneur et de la liberté peut s'éteindre dans leur sein , pour cette fois, ses calculs sont faux , il se trompe.

Les armées alliées, insensibles aux rigueurs de la fatigue et de la saison , bravent et la rage des élémens et celle du forcené ; elles traversent les cantons de la Suisse, non-seulement autorisées par elle , mais secondées même de son assistance ; elles masquent des places fortes par des corps d'observation , et pénètrent dans l'intérieur de la France par le nord et par l'est, tandis que les armées britanniques, sous les ordres de Wellington, pénètrent par le midi.

Remarquez encore......

Les députés de Bordeaux furent les premiers à proclamer la république : Bordeaux est la première ville de France qui arbore le pavillon royal !

Napoléon entouré, battu, sous la verge du châtiment, à l'aspect de sa ruine prochaine, n'est pas ému ; les puissances alliées, animées du louable désir d'arrêter l'effusion du sang, et de mettre un terme au malheur de l'Europe, offrent encore la paix, et assurent à la France l'intégrité de son territoire : les intérêts politiques cèdent et fléchissent, à la voix de l'humanité ; mais les souverains alliés et Napoléon (quelque puissans qu'ils soient), ne sont que les instrumens d'une main plus puissante encore. Le cœur de ce moderne Pharaon est endurci : il ne brisera point spontanément le joug de ceux qu'il tient en esclavage. Ses prétentions, loin d'être assorties à sa situation, eussent été déraisonnables, même au faîte de la prospérité. La violence extrême de son caractère le rend inaccessible à la vérité ; ceux qui l'approchent n'osent la lui faire entendre, et nourissent sa folle ambition de flatteries et de chimères.

Cet orgueilleux, s'abusant sur ses périls imminens, croit que les Français sont enivrés de l'amour qu'ils portent à sa personne. Quelqu'étrange que cette illusion puisse paraître chez un homme qui a fait subir aux Français le déluge des calamités, il ne s'en croit pas moins l'objet de leurs plus tendres affections. Pourquoi s'étonner de cet excès d'infatuation? Qui peut fixer le *maximum* de l'orgueil? Des hommes réputés sages n'ont-ils pas offert ce phénomène? De nombreux partisans n'ont-ils pas partagé leur erreur? Partout on voit des hommes qui ferment volontairement leurs yeux à la raison, leurs oreilles à la vérité, dans la crainte d'apercevoir leur démence.

Dans le développement des vastes plans de la Providence, tant que les hommes croient sans impiété pouvoir s'expliquer les événemens, quelque merveilleux qu'ils soient, ils n'y voient que l'intervention humaine sans remonter à la cause suprême; et dans le système de la tyrannie de Napoléon, nous découvrons la cause de ce délire orgueilleux, de cette ignorance de sa véritable situation, qui ont déterminé son extravagante conduite; mais l'observateur de sang froid, surpris qu'un aventurier , suivi d'un petit nombre de soldats , épuisés, découragés, faibles débris de tant de défaites , au milieu d'une nation dont la très-grande majorité l'exécrait, persiste à refuser le trône de France, à moins que d'autres trônes n'y soient ajoutés ; cet observateur, dis-je, reconnaît le doigt de Dieu dans cet inconcevable aveuglement.

Du crime va naître le châtiment......

Cette volonté inflexible qui a renversé tant de trônes réagit sur elle-même, et devient enfin le principe de sa ruine.

Mais le canon éclate de nouveau , les vastes galeries du Louvre retentissent, le combat se livre, les hauteurs de Montmartre sont attaquées , elles sont enlevées, les alliés victorieux dominent de là sur les dômes , sur les édifices de Paris : voyez la capitale de cette nation qui dictait naguère des conditions de paix si ignominieuses à Vienne , à Berlin ; la capitale de cette nation qui a réduit en cendres celle des Czars ; la voici au pouvoir de ses ennemis ! Leurs troupes sont en pleine marche ; le soldat irrité est au moment d'exercer sa fureur et sa vengeance. Princes ! voilà l'abîme où conduit cette philosophie mensongère qui sape et renverse vos trônes ! Dans ces édifices somptueux que votre œil découvre habitent des épicuriens qui , tout en professant la philantropie , ne sont occupés que d'eux-mêmes : c'est là, où couchés voluptueusement sur le duvet , résident ces amis prétendus de l'humanité qui, du sein des délices , voient avec une froide indifférence périr des milliers de malheureux ; qui , calmes et tranquilles , se font un jeu d'ordonner l'incendie d'une cité populeuse et le pillage d'une province !

La loi du talion va donc s'exercer , l'arrêt de la justice va être lancé ! Le cri funeste, vengeance ! vengeance ! va retentir....... Non : le drapeau blanc, emblême de la paix, se déploie. L'armée victorieuse approche, elle entre ; mais , pour conserver , non pour détruire. Citoyens de l'Amérique ! dans une telle circonstance, qu'eût fait Napoléon ? Interrogez sa conduite, durant quinze années de triomphes ; elle va vous répondre : Voyez ce héros de la moderne philosophie , répandre autour de lui le ravage et la mort ; son cœur de marbre est inaccessible à la pitié ; son oreille est sourde à la voix de la religion et de la clémence !.... Ici, nous voyons deux monarques chrétiens , après avoir accordé grâce et protection , descendre des hauteurs de Montmartre (qu'ils n'avaient cependant emportées qu'après une lutte sanglante), traverser les rues de Paris, de cette ville immense , dans un triomphe paisible et majestueux, contenant leurs troupes sous le frein de la discipline la plus stricte et la plus sévère. Voyez à leur suite un demi million d'hommes, de femmes, d'enfans, qui font retentir les airs de leurs impétueuses acclamations, qui bénissent ALEXANDRE, qui le proclament le grand, le magnanime ! qui, dans l'expression de leur enthousiasme et de leur gratitude (sans nulle exagération), baisent ses pieds; comme jadis ceux qui approchaient du Sauveur des hommes se sentaient consolés et guéris, s'ils pouvaient seulement toucher le bord de ses vêtemens. Après avoir calmé les premières alarmes d'un peuple saisi d'une terreur si vive, et si naturelle, ces souverains généreux sentent qu'ils ne peuvent séjourner long-temps dans une ville souillée par le plus grand des crimes, sans venger le trône outragé , sans remplir un devoir sacré, celui d'honorer la mémoire du plus infortuné et du meilleur des Rois. Ils choisissent la place même où l'attentat monstrueux a été commis!... où le sang auguste du Roi martyr a été versé : là, ils rassemblent leurs légions triomphantes : ils veulent déployer dans cette cérémonie l'appareil imposant de toute la pompe militaire; le choix prémédité du lieu où elle se célèbre proclame hautement l'intention des monarques qui l'ordonnent. L'autel est élevé sur le lieu même où l'holocauste a été offert, où le fils de saint Louis a pris son vol vers les cieux ! Un peuple immense et consterné devient l'organe de tout ce qui gémit en France, de tout ce qui y a déploré tant d'excès et tant d'horreurs! Il se prosterne devant l'autel; il y offre le sacrifice expiatoire de ses remords, de sa honte et de son repentir. Les larmes coulent de tous les yeux, les soupirs s'exhalent de tous les cœurs émus de tant de douloureux souvenirs !

Jamais tableau plus touchant ne fut présenté à la sensibilité humaine.

Les monarques inclinent respectueusement vers l'autel leur front couvert des palmes de la victoire : et dans la solennité majestueuse de cet acte religieux, ils manifestent aux yeux de l'univers la noblesse de leur ame, et l'élévation de leurs pensées ! « Gloire à Dieu,

« disent-ils ; gloire à celui qui punit et qui par-
« donne ! » Ah ! puisse la nature entière répé-
ter après eux ce cantique divin !

Vous, qui avez soufflé le feu de la guerre ;
vous, dont les langues envenimées ont lancé
de basses invectives contre tout ce qui por-
tait des couronnes légitimes ; vous, qui avez
représenté les Rois comme des bêtes féroces
qu'il fallait dévouer à la destruction ; vous,
qui avez dit que tous les moyens étaient per-
mis pour atteindre ce but terrible, approchez
et voyez !..... Venez aussi vous qui, dans
votre orgueil, jetez le regard du dédain sur
l'homme pieux qui croit au Sauveur des hommes, à ce divin modèle de la miséricorde et
de la bonté ; vous qui exagérez, avec une sa-
tisfaction cynique, les crimes que le fanatisme
a produits ! approchez : ces Rois sont des chrétiens ; approchez et voyez !.... Et toi, démocrate envieux et féroce, de toi-même éternel
vautour, toi qui voulais soumettre tout ce
qu'il y a de sage et de vertueux, tout ce qui
se distingue du vulgaire par la pureté et l'élévation de ses sentimens, sous le niveau du
crime et de la folie ! vile production de l'orgueil, persécuteur ardent de tout ce qui est
grand et bon ! viens (quoi qu'il t'en puisse

coûter) : viens ici contempler les objets de ta haine mortelle !

Vois des princes légitimes entourés de sujets fidèles ; vois-les bénis, suivis, presqu'adorés d'un peuple qu'ils ont vaincu, absous et délivré. Vois ce même peuple saisir le premier rayon de la liberté qu'il recouvre, pour adopter une constitution analogue à celle de l'Angleterre, cette terre natale de nos grands et glorieux ancêtres ! cette terre que tu abhorres ! cette terre que dans ta rage (si le ciel t'en eût donné le pouvoir) tu eusses frappée des foudres de ta vengeance, et précipitée, elle et tous ses habitans, au fond des mers qui l'entourent ! Oui, démocrate ! oui, frénétique ! voilà les objets de ta haine ! Que ceux qui veulent connaître celui de ton culte, ton idole, aillent le chercher dans *l'île d'Elbe ?* Il abdique, il dévoile toute la bassesse, toute la turpitude de ses affections ; il échange la couronne pour de l'argent !....

Voilà celui que vous adoriez (que vous adorez peut-être encore) ; voilà celui que vous saluiez du nom d'invincible, et de tout-puissant ! Il part, entouré d'une garde protectrice contre les poignards de ceux que naguère il nommait ses sujets.

Les puissances alliées fixent son sort ; et l'assassin du duc d'Enghein est mis à la solde de la maison de Bourbon.

Citoyens de l'Amérique !

Cette famille auguste est rétablie dans les droits de ses pères, dans ces droits sacrés que les aveugles Français ont méconnu si long-temps.

La légitimité, ce grand principe qui peut seul assurer le maintien de l'ordre social, la solidité des trônes, la tranquillité des états et le bonheur des peuples, est aujourd'hui hautement proclamée en faveur d'un monarque aussi sage qu'éclairé.

Il a soutenu le malheur avec dignité, il a mûri, à son école, les faits précieux de l'expérience.

Il revient investi du respect universel, que recueille toujours la vertu.

La Providence semble l'avoir formé pour entreprendre et pour remplir la plus glorieuse de toutes les tâches, mais la plus délicate et la plus difficile, qui consacrera son nom dans les annales de l'histoire, si, par ses mains paternelles, il guérit et cicatrise tant de plaies, si le génie du bien parvient à triompher par lui du génie du mal qui l'a précédé !

Nations de l'Europe, félicitez-vous !

Et toi, ô ma patrie! applaudis avec moi au bonheur d'un peuple qui défendit ta liberté, et que la voix du nouvel hémisphère vienne se réunir aux concerts de l'ancien.

———

Après avoir transmis les éloges que M. Morris donne, dans son éloquent discours, à la conduite généreuse et magnanime des Souverains alliés en 1814, qui peut se défendre d'un regret amer, en comparant les événemens de 1815 à ceux de l'année précédente ?

Pourquoi faut-il que le crime et l'audace de l'usurpateur aient terni l'éclat d'un si beau tableau, en attirant sur la France de si grands désastres ?

(Note du traducteur.)

———